DRUCKER SAYINGS ON INDIVIDUALS

ドラッカー名言集

仕事の哲学

最高の成果をあげる

P.F.ドラッカー［著］

上田惇生［編訳］

ダイヤモンド社

DRUCKER SAYINGS ON INDIVIDUALS
by
Peter F. Drucker

著者まえがき

二〇世紀最大の出来事が大量生産革命だった。この革命は第二次大戦後、QC革命としてピークを迎えた。大量生産の本質は、個たる人間を生産的たらしめるシステムの設計にある。そこでの主役は、個たる人間ではなくシステムだった。

今日我々はまったく異質の、しかし同じように大きな革命の最中にある。知識が生産手段になったことである。大量生産の主役がシステムだったのに対し、知識組織の主役は個たる人間である。知識社会では、システムではなく個たる人間が、組織における変化の産みの親、富の創造者となる。

実は、マネジメント、経済、社会、政治のいずれについてのものであれ、私のあらゆる著作の中心テーマであり続けたものが、一人ひとりの人間と、その仕事、貢献、成長、啓発だった。

本書『仕事の哲学』は、今日の日本にとって、とくに意味があるはずである。二一世紀初めの今日、日本で起こっているものは社会の転換である。その転換の中心にある流れが、大量生産システムを基盤とする社会から、個たる人間の責任、成果、生産性という、まさに本書のテーマとなっているものを基盤とする社会への移行である。

本書は、私の主な著作から中核的な言葉を抜き出したものである。実質的な作業は、昔からの友人であり、私のほとんどの著作の訳者である上田惇生教授にお願いした。ここに深く謝意を表したい。本書は、理論書であるとともに「何をなすべきか」についての書である。個々の人間とその仕事についての分析としてだけでなく、読者一人ひとりにとっての行動指針として読んでいただきたい。読者の方々にお願いしたいことは、本書を読みつつ「では、自分は何をなすべきか」を考えることである。

二〇〇三年初夏

カリフォルニア州クレアモントにて

ピーター・F・ドラッカー

ドラッカー名言集　仕事の哲学／目次

第2章 成果能力——29

第3章 貢献——43

第4章 強み――55

第5章 進むべき道――71

第8章 チームワーク——109

第9章 コミュニケーション――125

第10章 リーダーシップ――133

第13章 時間管理——183

第14章

第二の人生――205

ともに働く人が多いほどまとまった時間をつくる方法 200 ／こま切れの時間では意味がない 201 ／汝の時間を知れ 203

第14章 第二の人生 205

働く者は組織よりも長命 206 ／第二の人生の限界 207 ／第二の人生で再び成長する 208 ／老いてなお最高の仕事をする 209 ／トビラを開く三つの方法 210 ／組織だけが人生である弊害 211 ／できることが仕事だけならば 212 ／ひとかどの存在となる意味 213 ／成功の機会をもち続ける 214 ／第二の人生に備えるたった一つの条件 215

編訳者あとがき —— 217

ピーター・F・ドラッカー著作目録 —— 221

DRUCKER SAYINGS ON INDIVIDUALS

第1章

成長

少ししか求めなければ成長しない。
多くを求めるならば、
何も達成しない者と同じ努力で巨人に成長する。

『経営者の条件』

人は何かを成し遂げたがる

人は精神的、心理的に働くことが必要だから働くだけではない。人は何かを、しかもかなり多くの何かを成し遂げたがる。自らの得意なことにおいて、何かを成し遂げたがる。能力が働く意欲の基礎となる。

………『現代の経営』

能力が人を変える

自らの成長のために最も優先すべきは、卓越性の追求である。そこから充実と自信が生まれる。能力は仕事の質を変えるだけでなく、人間そのものを変えるがゆえに、重大な意味をもつ。

……『非営利組織の経営』

成長の責任は自分にある

成長に最大の責任をもつ者は、本人であって組織ではない。自らと組織を成長させるためには何に集中すべきかを、自ら問わなければならない。

………『非営利組織の経営』

すべては責任から始まる

成功の鍵は責任である。自らに責任をもたせることである。あらゆることがそこから始まる。大事なものは、地位ではなく責任である。責任ある存在になるということは、真剣に仕事に取り組むということであり、仕事にふさわしく成長する必要を認識するということである。

……『非営利組織の経営』

よりよく行なおうとする欲求

他の者が行なうことについては満足もありうる。しかし、自らが行なうことについては責任があるだけである。自らが行なうことについては、つねに不満がなければならず、つねによりよく行なおうとする欲求がなければならない。

……『現代の経営』

完全な仕事とは何か

紀元前四四〇年頃、ギリシャの彫刻家フェイディアスは、アテネのパンテオンの屋根に建つ彫像群を完成させた。だがフェイディアスの請求書に対し、アテネの会計官は支払いを拒んだ。「彫像の背中は見えない。見えない部分まで彫って請求してくるとは何事か」。それに対し、フェイディアスは答えた。「そんなことはない。神々が見ている」。

………『創生の時』

自らを重要と感じるとき

人は誇れるものを成し遂げて、誇りをもつことができる。さもなければ、偽りの誇りであって心を腐らせる。人は何かを達成したとき、達成感をもつ。仕事が重要なとき、自らを重要と感じる。

………『現代の経営』

外なる成長と内なる成長

自己啓発とは、能力を修得するだけでなく、人間として大きくなることである。責任に重点を置くことによって、より大きな自分を見るようになる。うぬぼれやプライドではない。誇りと自信である。一度身につけてしまえば失うことのない何かである。目指すべきは、外なる成長であり、内なる成長である。

……『非営利組織の経営』

焦点を仕事に合わせる

焦点は仕事に合わせなければならない。仕事が成果をあげられるものでなければならない。仕事がすべてではないが、仕事がまず第一である。

……『マネジメント』

仕事が方向づけを行なう

仕事は人の成長を促すとともに、その方向づけを行なうべきものである。さもなければ、仕事は人それぞれの特質を発揮させることはできない。

………『現代の経営』

自らと仕事を新たな次元で見る

仕事が刺激を与えるのは、成長を期しつつ、自ら仕事の興奮と挑戦と変化を生み出すときである。これが可能となるのは、自らと仕事の双方を新たな次元で見るときである。

……『非営利組織の経営』

仕事に意味を加える

指揮者に勧められて、客席から演奏を聴いたクラリネット奏者がいる。そのとき彼は、初めて音楽を聴いた。その後は上手に吹くことを超えて、音楽を創造するようになった。これが成長である。仕事のやり方を変えたのではない。意味を加えたのだった。

………『非営利組織の経営』

予期せぬ成功を追求する

自らの成長につながる最も効果的な方法は、自らの予期せぬ成功を見つけ、その予期せぬ成功を追求することである。ところがほとんどの人が、問題にばかり気をとられ、成功の証を無視する。

………『非営利組織の経営』

何によって人に憶えられたいか

私が一三歳のとき、宗教の先生が生徒一人ひとりに「何によって人に憶えられたいかね」と聞いた。誰も答えられなかった。先生は笑いながらこう言った。「いま答えられるとは思わない。でも、五〇歳になって答えられないと問題だよ。人生を無駄に過ごしたことになるからね」。

………『非営利組織の経営』

自らの成長を促す問い

今日でも私は「何によって人に憶えられたいか」を自らに問い続ける。これは自らの成長を促す問いである。なぜならば、自らを異なる人物、そうなりうる人物として見るよう仕向けてくれるからである。

………『非営利組織の経営』

Drucker Sayings On Individuals

第2章

成果能力

成果とは百発百中ではない。
百発百中は曲芸である。
成果とは、長期にわたって業績をもたらし続けることである。……『マネジメント』

成果が自己実現の前提となる

成果をあげる者は、社会にとって不可欠な存在である。同時に、成果をあげることは、新入社員であろうと中堅社員であろうと、本人にとって自己実現の前提である。

………『経営者の条件』

自らの最高のものを引き出す

まず果たすべき責任は、自らのために最高のものを引き出すことである。人は自らがもつものでしか仕事ができない。しかも、人に信頼され協力を得るには、自らが最高の成果をあげていくしかない。

……『非営利組織の経営』

人はまだ優れるに至っていない

成果をあげる人とあげない人の差は、才能ではない。いくつかの習慣的な姿勢と、基礎的な方法を身につけているかどうかの問題である。しかし、組織というものが最近の発明であるために、人はまだこれらのことに優れるに至っていない。

……『非営利組織の経営』

成果をあげる人の共通点

成果をあげる人たちは、気性や能力、職種や仕事のやり方、性格や知識や関心において千差万別である。共通点は、なすべきことを成し遂げる能力をもっていることだけである。

……『経営者の条件』

成果をあげることは習慣である

成果をあげることは一つの習慣である。実践的な能力の積み重ねである。実践的な能力は、修得することができる。それは単純である。あきれるほどに単純である。

………『経営者の条件』

特別の才能はいらない

普通の人であれば、実践的な能力は身につけられる。卓越はできないかもしれない。卓越するには特別の才能が必要である。だが成果をあげるには、人並みの能力があれば十分である。

……『経営者の条件』

成果をあげるための五つの能力

成果をあげるための実践的な能力は五つある。第一に、何に自分の時間がとられているかを知り、残されたわずかな時間を体系的に管理する。第二に、外部の世界に対する貢献に焦点を合わせる。第三に、強みを中心に据える。第四に、優先順位を決定し、優れた仕事が際立った成果をあげる領域に力を集中する。第五に、成果をあげるよう意思決定を行なう。

………『経営者の条件』

成果は機会の開拓によって得られる

問題の解決によって得られるものは、通常の状態に戻すことだけである。せいぜい、成果をあげる能力に対する妨げを取り除くだけである。成果そのものは、機会の開拓によってのみ得ることができる。

……『創造する経営者』

新しい任務で成果をあげる条件

新しい任務で成果をあげるために必要なことは、卓越した知識や才能ではない。新しい任務が要求するもの、新しい挑戦、仕事、課題において重要なことに集中することである。

……『創生の時』

アウトプットを中心に考える

仕事を生産的なものにするには、成果すなわち仕事のアウトプットを中心に考えなければならない。技能や知識などインプットからスタートしてはならない。技能、情報、知識は道具にすぎない。

……『マネジメント』

必要な仕事を決めるのは成果

いかなる道具をいつ何のために使うかは、成果によって規定される。必要な仕事を決めるのは成果である。作業の組み立て、管理手段の設計、道具の仕様を決めるのも成果である。

……『マネジメント』

成果をあげることは革命

自ら成果をあげるということは、一つの革命である。前例のないまったく新しい種類のことが要求される。あたかも組織のトップであるかのように考え、行動することが要求される。

……『明日を支配するもの』

努力では習得できない資質とは

習得することができず、もともともっていなければならない資質がある。他から得ることができず、どうしても身につけていなければならない資質がある。才能ではなく真摯さである。

………『現代の経営』

DRUCKER SAYINGS ON INDIVIDUALS

第3章 貢献

自らの果たすべき貢献は何かという問いからスタートするとき、人は自由となる。責任をもつがゆえに、自由となる。

……『マネジメント』

権限に焦点を合わせる間違い

ほとんどの人が、下に向かって焦点を合わせる。成果ではなく、権限に焦点を合わせる。組織や上司が自分にしてくれるべきことや、自らがもつべき権限を気にする。その結果、本当の成果をあげられない。

………『経営者の条件』

果たすべき貢献を考えよ

成果をあげるには、自らの果たすべき貢献を考えなければならない。手元の仕事から顔をあげ、目標に目を向ける。組織の成果に影響を与える貢献は何かを問う。そして責任を中心に据える。

……『経営者の条件』

貢献こそが成果をあげる鍵

貢献に焦点を合わせることが、仕事の内容、水準、影響において、あるいは上司、同僚、部下との関係において、さらには日常の業務において成果をあげる鍵である。

……『経営者の条件』

貢献への焦点が成果能力をもたらす

貢献に焦点を合わせることによって、コミュニケーション、チームワーク、自己啓発、人材育成という、成果をあげるうえで必要な基本的な能力を身につけることができる。

……『経営者の条件』

組織に対する貢献を問う

組織に対する自らの貢献を問うことは、いかなる自己啓発が必要か、いかなる知識や技能を身につけるか、いかなる強みを仕事に適用するか、いかなる基準をもって自らの基準とすべきかを考えることである。

………『経営者の条件』

可能性を追求するための問い

自らの貢献を問うことは、可能性を追求することである。そう考えるならば、多くの仕事において優秀な成績とされているものの多くが、その膨大な可能性からすればあまりに貢献の小さなものであることがわかる。

……『経営者の条件』

外の世界に注意を向ける

貢献に焦点を合わせることによって、自らの専門分野だけでなく、組織全体の成果に注意を向けるようになる。成果が存在する唯一の場所である外の世界に注意を向けるようになる。

………『経営者の条件』

顔を上に向ける

顔を上に向けることによって、ほとんど無意識に、他の人が何を必要とし、何を見、何を理解しているかを知る。さらには組織内の人たち、つまり上司、部下、他の分野の同僚に対し、「あなたが組織に貢献するには、私はあなたにどのような貢献をしなければならないか」「いつ、どのように、どのような形で貢献しなければならないか」を聞けるようになる。

………『経営者の条件』

貢献のプランを具体化する

あまり先を見てはならない。貢献のためのプランを明確かつ具体的なものにするには、長くともせいぜい一年半を対象期間とするのが妥当である。問題は、一年半のうちに、いかなる成果をあげるかである。

……『明日を支配するもの』

貢献の目標を設定する

目標は難しいものにしなければならない。背伸びをさせるものでなければならない。だが、可能でなければならない。不可能なことを目指したり、不可能なことを前提とすることは、野心的と呼ぶに値しない。たんなる無謀である。

……………『明日を支配するもの』

DRUCKER SAYINGS ON INDIVIDUALS

第4章 強み

何事かを成し遂げられるのは、
強みによってである。
弱みによって何かを行なうことはできない。

『明日を支配するもの』

自分の強みはわかりにくい

誰もが、自分の強みはよくわかっていると思う。しかし、たいていは間違っている。わかっているのは、せいぜい弱みである。

……『明日を支配するもの』

強みを知る唯一の方法

何かをすることに決めたら、何を期待するかを書きとめる。九か月後、一年後に結果と照合する。私自身これを五〇年続けている。そのたびに驚かされる。誰もが驚かされる。こうして自らの強みが明らかになる。自らについて知りうることのうち、この強みこそ最も重要である。

……『明日を支配するもの』

知的な傲慢を改めよ

知的な傲慢を改め、自らの強みを十分に発揮するうえで必要な技能と知識を身につけなければならない。

……『明日を支配するもの』

自らの強みに集中せよ

不得手なことの改善にあまり時間を使ってはならない。自らの強みに集中すべきである。無能を並みの水準にするには、一流を超一流にするよりも、はるかに多くのエネルギーと努力を必要とする。

………『明日を支配するもの』

得意なやり方で仕事をせよ

仕事上の個性は、仕事につくはるか前に形成されている。仕事のやり方は、強みや弱みと同じように与件である。修正できても変更はできない。ちょうど強みを発揮できる仕事で成果をあげるように、人は得意なやり方で仕事の成果をあげる。

………『明日を支配するもの』

今さら自分を変えられない

今さら自分を変えようとしてはならない。うまくいくわけがない。自分の得意とする仕事のやり方を向上させることに、力を入れるべきである。

………『明日を支配するもの』

人と組むかひとりで行なうか

仕事のやり方として、人と組んだほうがよいか、ひとりのほうがよいかを知らなければならない。組んだほうがよいのであれば、どのように組んだときによい仕事ができるかを知らなければならない。

………『明日を支配するもの』

大組織で働くか小組織で働くか

知っておくべき大事なことがある。緊張感や不安があったほうが仕事ができるか、整備された環境のほうが仕事ができるか。大きな組織で歯車として働いたほうが仕事ができるか、小さな組織で大物として働いたほうが仕事ができるか。どちらでもよいという者は、あまりいない。

……『明日を支配するもの』

意思決定者か補佐役か

仕事上の役割として、意思決定者と補佐役のどちらのほうが成果をあげるかという問題がある。補佐役として最高でありながら、意思決定の重荷に耐えられない人が大勢いる。

………『明日を支配するもの』

価値観に合った組織で働け

組織において成果をあげるには、自らの価値観が組織の価値観になじまなければならない。同じである必要はない。だが、共存できなければならない。さもなければ心楽しまず、成果もあがらない。

………『明日を支配するもの』

気質と個性を理解せよ

我々は気質と個性を軽んじがちである。だが、それらのものは訓練によって容易に変えられるものでないだけに、重視し明確に理解することが必要である。

……『非営利組織の経営』

自らを知る者のふるまい

自らの強み、仕事のやり方、価値観がわかっていれば、チャンスを与えられたとき、職を提供されたとき、仕事を任されたときに、「私がやりましょう」「私のやり方はこうです」「仕事はこういうものにすべきです」「他の組織や人との関係はこうなります」「この期間内にこれこれのことをやり遂げます」と言える。

……『明日を支配するもの』

自らの価値を成果に変える

強みを生かす者は、仕事と自己実現を両立させる。自らの知識が組織の機会となるよう働く。貢献に焦点を合わせることによって、自らの価値を組織の成果に変える。

………『経営者の条件』

最高のキャリアをつかむ

最高のキャリアは、計画して手にできるものではない。自らの強み、仕事のやり方、価値観を知り、機会をつかむよう用意をした者だけが手にする。なぜならば、自らの得るべきところを知ることによって、たんなる働き者が、卓越した仕事を行なうようになるからである。

………『明日を支配するもの』

DRUCKER SAYINGS ON INDIVIDUALS

第5章

進むべき道

知識は、職業の定められた社会を、職業を選べる社会に変えた。今やいかなる種類の仕事に就き、いかなる種類の知識を使っても、豊かな生活を送れるようになった。

『断絶の時代』

職業を選べる悩み

先進国社会は、自由意志によって職業を選べる社会へと急速に移行しつつある。今日の問題は、選択肢の少なさではなく、逆にその多さにある。あまりに多くの選択肢、機会、進路が、若者を惑わし悩ませる。

……『断絶の時代』

自分を使って何をしたいか

選択肢を前にした若者が答えるべき問題は、正確には、何をしたらよいかではなく、自分を使って何をしたいかである。

……『断絶の時代』

就職は自らの実存にかかわる問題

社会は一人ひとりの人間に対し、自分は何か、何になりたいか、何を投じて何を得たいかを問うことを求める。この問いは、役所に入るか、企業に入るか、大学に残るかという俗な問題に見えながら、実は自らの実存にかかわる問題である。

………『断絶の時代』

自由の代価としての責任

今日ふたたび我々は、昔からの問いである一人ひとりの人間の意味、目的、自由という根源的な問題に直面している。世界中の若者に見られる疎外の問題が、この問いに答えるべきことを迫っている。組織社会が、選択の機会を与えることによって、一人ひとりの人間に意思決定を迫る。自由の代価として責任を求める。

………『断絶の時代』

最初の仕事はくじ引き

最初の仕事はくじ引きである。最初から適した仕事につく確率は高くない。しかも、得るべきところを知り、向いた仕事に移れるようになるには数年を要する。

………『非営利組織の経営』

価値観に反する組織にいるべきではない

得るべきところはどこかを考えた結果が、いま働いているところでないということならば、次に問うべきは、それはなぜかである。組織が堕落しているからか、組織の価値観になじめないからか。いずれかであるならば、人は確実に駄目になる。自らの価値観に反するところに身を置くならば、人は自らを疑い、自らを軽く見るようになる。

………『非営利組織の経営』

辞めることが正しいとき

組織が腐っているとき、自分がところを得ていないとき、あるいは成果が認められないときには、辞めることが正しい選択である。出世はたいした問題ではない。

……『非営利組織の経営』

植え替えられれば燃える

企業という柔軟で流動的な組織さえ、人を同じ仕事、同じ環境に閉じ込めようとする。閉じ込められているほうは飽きる。燃え尽きたのではない。違う種類の挑戦に応ずべく、新しい環境に置かれること、すなわち植え替えられることが必要なだけである。

………『乱気流時代の経営』

変化が自らに刺激を与える

自らに刺激を与えるうえでも、ある種の変化が必要である。この必要は、ますます人が長生きするようになり、長く活動できるようになるにつれて大きくなる。変化といっても、かけ離れたところに移る必要はない。

……………『非営利組織の経営』

心地よくなったら変化を求めよ

日常化した毎日が心地よくなったときこそ、違ったことを行なうよう自らを駆り立てる必要がある。

………『非営利組織の経営』

進路を決めるのは自分自身

仕事を変え、キャリアを決めるのは自分である。自らの得るべきところを知るのは自分である。組織への貢献において、自らに高い要求を課すのも自分である。飽きることを自らに許さないよう予防策を講じるのも自分である。挑戦し続けるのも自分である。

……『非営利組織の経営』

DRUCKER SAYINGS ON INDIVIDUALS

第6章 知識労働者

知識労働者は、組織があって初めて働くことができる。
この点において彼らは従属的である。
しかし彼らは、生産手段すなわち知識を所有する。

『ポスト資本主義社会』

知識労働者の責任

近代組織は、教育のある人たちをして知識を働かせ、収入しかも高額の収入を得る機会をもたらした。しかしそこには、意思決定の責任が伴う。自分が何でありたいか、何になりたいかについて責任を負わされる。組織があるべきもの、なるべきものについても責任を負わされる。

……『断絶の時代』

個人と組織の関係

知識労働者は、自らをかつての弁護士、教師、聖職者、医師、高級官僚の同類とみなす。受けた教育は同じである。収入は多い。機会も大きい。しかし、組織があって初めて所得と機会を得られることや、組織が巨額の投資をして初めて自分の仕事もありうることを認識している。と同時に、組織が自分に依存していることを認識している。

……『断絶の時代』

組織を成長の機会とせよ

組織が一人ひとりの人間に対して位置と役割を与えることを、当然のこととしなければならない。同時に、組織をして自己実現と成長の機会とすることを、当然のこととしなければならない。

……『断絶の時代』

得られるものは自らが投じたものによる

人生から何を得るかを問い、得られるものは自らが投じたものによることを知ったとき、人は人として成熟する。組織から何を得るかを問い、得られるものは自らが投じたものによることを知ったとき、人は人として自由となる。

……『断絶の時代』

知識労働者が満足を得るとき

知識労働者も経済的な報酬を要求する。報酬の不足は問題である。だが、報酬だけでは十分でない。知識労働者は機会、達成、自己実現、価値を必要とする。彼らは、自らを成果をあげる者にすることによってのみ、それらの満足を得ることができる。

……『経営者の条件』

知識労働者は専門化せよ

知識労働者はほとんどが専門家である。彼らは一つのことだけをよく行なうとき、すなわち専門化したとき大きな成果をあげる。

………『経営者の条件』

専門知識を統合せよ

専門知識は断片にすぎない。それだけでは不毛である。専門家のアウトプットは、他の専門家のアウトプットと統合されて成果となる。

……『経営者の条件』

知識に優劣はない

いかなる知識も、他の知識より上位にあることはない。知識の位置づけは、それぞれの知識に固有の優位性や劣位性によってではなく、共通の任務に対する貢献によって決定される。「哲学は科学の女王」と言う。だが腎臓結石の除去には、論理学者よりも泌尿器専門医を必要とする。

……『ポスト資本主義社会』

理解されることの責任

知識ある者は、理解されるよう努力する責任がある。素人は専門家を理解するために努力すべきであるとしたり、専門家は専門家と通じれば十分であるとするのは、野卑な傲慢である。

……『経営者の条件』

課される要求に応じて成長する

知識労働者は、自らに課される要求に応じて成長する。自らが成果や業績とみなすものに従って成長する。

……『経営者の条件』

――知識労働者は起業家たれ

知識労働者は、すべて起業家として行動しなければならない。知識が中心の資源となった今日においては、トップマネジメントだけで成功をもたらすことはできない。

……『創造する経営者』

DRUCKER SAYINGS ON INDIVIDUALS

第7章

起業家精神

起業家として成功する者は、
女神の口づけやアイデアのひらめきを待ってはいない。
彼らは仕事をする。大穴は狙わない。

『イノベーションと起業家精神』

起業家精神とは気質ではない

起業家精神とは気質ではない。実際のところ私は、過去三〇年間、いろいろな気質の人たちが起業家的な挑戦を成功させるのを見てきた。

………『イノベーションと起業家精神』

起業家に向かない人たち

確実性を必要とする人は、起業家に向かない。そのような人は政治家、軍の将校、外国航路の船長など、いろいろなものに向かない。それらのもののすべてに意思決定が必要である。意思決定の本質は、不確実性にある。

……『イノベーションと起業家精神』

——起業家精神とは行動である

意思決定を行なうことのできる人ならば、学ぶことによって、起業家的に行動することも、起業家となることもできる。起業家精神とは、気質ではなく行動である。

……『イノベーションと起業家精神』

天才的なひらめきはいらない

オーナー起業家に天才的なひらめきがあるというのは神話にすぎない。私は四〇年にわたってオーナー起業家たちと仕事をしてきた。天才的なひらめきをあてにするオーナー起業家は、ひらめきのように消えていった。

………『未来企業』

起業家精神の定義

起業家は、変化を当然かつ健全なものとする。彼ら自身は、それらの変化を引き起こさないかもしれない。しかし、変化を探し、変化に対応し、変化を機会として利用する。これが、起業家および起業家精神の定義である。

………『イノベーションと起業家精神』

本物の変化と一時の流行を見分ける

変化を観察しなければならない。その変化が機会かどうかを考えなければならない。本物の変化か一時の流行かを考えなければならない。見分け方は簡単である。本物の変化とは人が行なうことであり、一時の流行とは人が話すことである。

……『ネクスト・ソサエティ』

現存する仕事は間違っている

現存する仕事はすべて正しい仕事であり、何がしかの貢献をしているはずであるとの先入観は危険である。現存する仕事はすべて間違った仕事であり、組み立て直すか、少なくとも方向づけを変えなければならないと考えるべきである。

………『日本　成功の代償』

イノベーションと起業家精神

起業家はイノベーションを行なう。イノベーションは起業家に特有の道具である。

………『イノベーションと起業家精神』

最適の機会を考える

イノベーションに成功する者は、あらゆる機会を検討する。自分に最も適した機会はどれか、組織に最も適した機会はどれか、自分たちが得意とし実績のある能力を生かしてくれる機会はどれかを考える。

………『イノベーションと起業家精神』

体質は合っているか

イノベーションの機会は、イノベーションを行なおうとする者と体質が合っていなければならない。重要であって意味がなければならない。さもなければ、忍耐強さを必要とし、かつ欲求不満を伴う厳しいイノベーションの仕事はできない。

………『イノベーションと起業家精神』

右脳と左脳の両方を使う

イノベーションに成功する者は、右脳と左脳の両方を使う。数字を見るとともに人を見る。機会をとらえるにはいかなるイノベーションが必要かを分析をもって知る。しかる後に、外に出て、顧客や利用者を見、彼らの期待、価値、ニーズを知覚をもって知る。

………『イノベーションと起業家精神』

イノベーションは自らの強みが基盤

イノベーションほど、自らの強みを基盤とすることが重要なものはない。イノベーションにおいては、知識と能力の果たす役割が大きく、しかもリスクを伴うからである。

………『イノベーションと起業家精神』

第8章 チームワーク

ほとんどの人が、人とともに働き、人の力をかりて成果をあげる。
したがって成果をあげるには、
人との関係に責任をもたなければならない。

『明日を支配するもの』

自己啓発が組織を導く

一人ひとりの自己啓発が、組織の発展にとって重要な意味をもつ。それは、組織が成果をあげるための道である。成果に向けて働くとき、人は組織全体の成果水準を高める。彼ら自身および他の人たちの成果水準を高める。

……『経営者の条件』

貢献がチームワークを可能にする

果たすべき貢献を考えることによって、横へのコミュニケーションが可能となり、チームワークが可能となる。自らの生み出すものが成果に結びつくには誰にそれを利用してもらうべきかとの問いが、命令系統の上でも下でもない人たちの大切さを浮き彫りにする。

……『経営者の条件』

生産的な人間関係を築くには

人間関係の能力をもつことによって、よい人間関係がもてるわけではない。自らの仕事や他との関係において、貢献を重視することによって、よい人間関係がもてる。こうして人間関係が生産的となる。生産的であることが、よい人間関係の唯一の定義である。

………『経営者の条件』

仕事の人間関係は成果しだい

仕事上の関係において成果がなければ、温かな会話や感情も無意味である。貧しい関係のとりつくろいにすぎない。逆に、関係者全員に成果をもたらす関係であれば、失礼な言葉があっても人間関係を壊すことはない。

………『経営者の条件』

ともに働く人を理解する

成果をあげる秘訣は、ともに働く人たち、自らの仕事に不可欠な人たちを理解し、その強み、仕事のやり方、価値観を活用することである。仕事とは、仕事の論理だけでなく、ともに働く人たちの仕事ぶりに依存するからである。

……『明日を支配するもの』

ともに働く人に伝える

自らの強み、仕事のやり方、価値観、果たすべき貢献を知ったならば、それを誰に知らせなければならないか、誰に頼らなければならないか、誰が自分に頼っているかを考える必要がある。そして考えた結果を、それらの人たちに知らせる必要がある。

……『明日を支配するもの』

組織内の摩擦はなぜ起こるか

組織内の摩擦のほとんどは、たがいに相手の仕事、仕事のやり方、重視していること、目指していることを知らないことに起因する。問題は、たがいに聞きもせず、知らされもしないことにある。

……『明日を支配するもの』

関係についての責任

組織は、もはや権力によっては成立しない。信頼によって成立する。信頼とは好き嫌いではない。信じ合うことである。そのためには、たがいに理解しなければならない。たがいの関係について、たがいに責任をもたなければならない。それは義務である。

……『明日を支配するもの』

強みを総動員せよ

成果をあげるには、人の強みを生かさなければならない。弱みからは何も生まれない。結果を生むには、利用できるかぎりの強み、すなわち同僚の強み、上司の強み、自らの強みを総動員しなければならない。

………『経営者の条件』

おのれよりも優れた者に働いてもらう

鉄鋼王アンドリュー・カーネギーが自らの墓碑銘に刻ませた「おのれよりも優れた者に働いてもらう方法を知る男、ここに眠る」との言葉ほど、大きな誇りはない。成果をあげるための優れた処方はない。

……『経営者の条件』

上司をマネジメントする方法

上司をいかにマネジメントするか。実のところ、答えはかなり簡単である。上司の強みを生かすことである。

……『経営者の条件』

上司と信頼関係を築くには

上司をマネジメントするということは、上司と信頼関係を築くことである。そのためには、上司の側が、部下が自分の強みに合わせて仕事をし、弱みや限界に対して防御策を講じてくれるという信頼をもてなければならない。

………『未来企業』

いかなる順序で上司に示すか

上司の強みを生かすには、問題の提示にしても、何をではなく、いかにについて留意しなければならない。何が重要であり何が正しいかだけでなく、いかなる順序で提示するかが大切である。

………『経営者の条件』

上司に成果をあげさせるのは簡単

誰もが他人については専門家になれる。本人よりもよくわかる。したがって、上司に成果をあげさせることはかなり簡単である。

……『経営者の条件』

上司を不意打ちにあわせてはならない

不意打ちから上司を守ること、喜ばしい不意打ちからも上司を守ることが、部下たる者の仕事である。自らに責任のあることについて不意打ちにあわされることは、傷つけられ、恥をかかされることである。

……『未来企業』

DRUCKER SAYINGS ON INDIVIDUALS

第9章 コミュニケーション

コミュニケーションとは、知覚であり、期待であり、要求であり、情報ではない。
コミュニケーションと情報は相反する。
しかし、両者は依存関係にある。

『マネジメント』

誤解される上司の言動

上司の言動、些細な言葉じり、癖や習慣までもが、計算され意図された意味あるものと受け取られる。

……『マネジメント』

コミュニケーション成立の条件

コミュニケーションを成立させるのは受け手である。内容を発する者、つまりコミュニケーターではない。彼は発するだけである。聞く者がいなければ、コミュニケーションは成立しない。

………『マネジメント』

受け手の言葉を使う

ソクラテスは「大工と話すときは、大工の言葉を使え」と説いた。コミュニケーションは、受け手の言葉を使わなければ成立しない。受け手の経験にもとづいた言葉を使わなければならない。

……『マネジメント』

受け手の期待を知る

受け手が期待しているものを知ることなく、コミュニケーションを行なうことはできない。期待を知って、初めてその期待を利用できる。あるいは、受け手の期待を破壊し、予期せぬことが起こりつつあることを強引に認めさせるためのショックの必要を知る。

……『マネジメント』

受け手の気持ちに合わせる

コミュニケーションは、受け手に何かを要求する。受け手が何かになること、何かをすること、何かを信じることを要求する。何かをしたいという受け手の気持ちに訴える。コミュニケーションは、受け手の価値観、欲求、目的に合致するとき強力となる。合致しないとき、まったく受けつけられないか、抵抗される。

………『マネジメント』

コミュニケーションは組織のあり方そのもの

コミュニケーションは、私からあなたへ伝達するものではない。それは、我々のなかの一人から、我々のなかのもう一人へ伝達するものである。組織において、コミュニケーションは手段ではない。組織のあり方そのものである。

………『マネジメント』

目標管理とコミュニケーション

目標管理こそ、組織内のコミュニケーションの前提である。目標管理においては、企業もしくは自らの部門に対し、いかなる貢献を行なうつもりかを明らかにしなければならない。

……『マネジメント』

DRUCKER SAYINGS ON INDIVIDUALS

第10章 リーダーシップ

リーダーシップは、賢さに支えられるものではない。一貫性に支えられるものである。

『未来企業』

リーダーシップとはカリスマ性ではない

リーダーシップは重要である。だがそれは、いわゆるリーダー的資質とは関係ない。カリスマ性とはさらに関係ない。神秘的なものではない。平凡で退屈なものである。

……『未来企業』

人を惹きつける資質ではない

リーダーシップとは、人を惹きつける資質ではない。そのようなものは煽動的資質にすぎない。リーダーシップとは、仲間をつくり人に影響を与えることでもない。そのようなものはセールスマンシップにすぎない。

………『現代の経営』

リーダーシップとは仕事である

カリスマ性でも資質でもないとすると、リーダーシップとは何か。第一に言うべきことは、それは仕事だということである。

……『未来企業』

リーダーは組織の使命を確立する

効果的なリーダーシップの基礎とは、組織の使命を考え抜き、それを目に見える形で明確に定義し、確立することである。リーダーとは、目標を定め、優先順位を決め、基準を定め、それを維持する者である。

………『未来企業』

リーダーと似非リーダーの違い

リーダーと似非リーダーとの違いは目標にある。現実の制約によって妥協せざるをえなくなったとき、その妥協が使命と目標に沿っているか離れているかによって、リーダーであるか否かが決まる。

……『未来企業』

部下の成功を自らの成功ととらえる

優れたリーダーは強力な部下を求める。部下を激励し前進させ、誇りとする。部下の失敗に最終的な責任をもつがゆえに、部下の成功を脅威とせず、自らの成功ととらえる。

……『未来企業』

人材を育てる上司の原則

真に厳しい上司、すなわち一流の人間をつくる上司は、部下がよくできるはずのことから考え、次にその部下が本当にそれを行なうことを要求する。

………『経営者の条件』

部下の強みを生かす責任

部下の弱みに目を向けることは、間違っているばかりか無責任である。上司たる者は、組織に対して、部下一人ひとりの強みを可能なかぎり生かす責任がある。部下に対して、彼らの強みを最大限に生かす責任がある。

………『経営者の条件』

部下ができることを問う

強みを生かすということは、成果を要求することである。何ができるかを最初に問わなければ、貢献してもらえるものよりもはるかに低い水準で我慢せざるをえない。成果をあげることを初めから免除することになる。

………『経営者の条件』

自らと部下に厳しく

成功している組織には、愛想が悪く、あえて人を助けようとせず、人づきあいもよくない上司が必ずいる。冷たく、厳しく、不愉快そうでありながら、誰よりも多くの人たちを育成する人がいる。最も好かれている人よりも尊敬を得ている人がいる。自らと部下に厳しく、プロの能力を要求する人がいる。

………『現代の経営』

プロフェッショナルの条件

厳しいプロは、高い目標を掲げ、それを実現することを求める。誰が正しいかではなく、何が正しいかを考える。頭のよさではなく、真摯さを大切にする。つまるところ、この真摯さなる資質に欠ける者は、いかに人好きで、人助けがうまく、人づきあいがよく、有能で頭がよくとも、組織にとって危険であり、上司および紳士として不適格である。

………『現代の経営』

信頼とは真摯さへの確信

信頼するということは、リーダーを好きになることではない。つねに同意できることでもない。リーダーの言うことが真意であると確信をもてることである。それは、真摯さという誠に古くさいものに対する確信である。

……『未来企業』

リーダーについての唯一の定義

信頼がないかぎり従う者はいない。そもそもリーダーについての唯一の定義が、つき従う者がいることである。

……『未来企業』

エネルギーとビジョンを創造する

真のリーダーは、人間のエネルギーとビジョンを創造することが自らの役割であることを知っている。

………『未来企業』

組織の文化がリーダーシップの素地

リーダーシップの素地として、行動と責任についての厳格な原則、高い成果基準、人と仕事に対する敬意を、日常の仕事において確認するという組織の文化に優るものはない。

……『現代の経営』

DRUCKER SAYINGS ON INDIVIDUALS

第11章

意思決定

成果をあげるには、意思決定の数を多くしてはならない。重要な意思決定に集中しなければならない。

『経営者の条件』

問題の性格を理解する

まず初めに、一般的な問題か例外的な問題か、何度も起こることか個別に対処すべき特殊なことかを問わなければならない。

……『経営者の条件』

基本にもとづいて解決する

真に例外的な問題を除き、あらゆるケースが基本にもとづく解決策を必要とする。原則、方針、基本による解決が必要となる。一度正しい基本を得るならば、同じ状況から発する問題はすべて実務的に処理できる。

……『経営者の条件』

問題を見誤ると失敗する

圧倒的に多く見られる間違いは、一般的な問題を例外的な問題の連続として見ることである。一般的な問題としての理解を欠き、解決についての基本を欠くために、その場しのぎで処理する。結果はつねに、失敗と不毛である。

……『経営者の条件』

満たすべき必要条件は何か

意思決定においては、決定の目的は何か、達成すべき目標は何か、満足させるべき必要条件は何かを明らかにしなければならない。

……『経営者の条件』

最も危険な決定

意思決定において満たすべき必要条件を理解しておくことは、最も危険な決定を識別するうえで必要である。すなわち、都合の悪いことが起こらなければうまくいくという種類の決定である。その種の決定はもっともらしく見える。しかし、必要条件を仔細に検討すれば、矛盾が出てくる。

……『経営者の条件』

意思決定は意見からスタートする

意思決定についての文献のほとんどが、事実を探せという。だが、成果をあげる者は、事実からはスタートできないことを知っている。誰もが自分の意見からスタートする。

……『経営者の条件』

なぜ事実からスタートしないか

最初から事実を探すことは好ましくない。すでに決めている結論を裏づける事実を探すだけになる。見つけたい事実を探せない者はいない。

………『経営者の条件』

意見をもつことを奨励せよ

意見をもつことを奨励しなければならない。そして、意見を表明した後、事実による検証を求めなければならない。仮説の有効性を検証するには何を知らなければならないか、意見が有効であるには事実はどうあるべきかを問わなければならない。

……『経営者の条件』

意見の不一致を生み出せ

成果をあげる者は、意図的に意見の不一致をつくりあげる。そうすることによって、もっともらしいが間違っている意見や、不完全な意見によってだまされることを防ぐ。

……『経営者の条件』

不一致の原因を突き止める

一つの行動だけが正しく、他の行動はすべて間違っているという仮定からスタートしてはならない。自分は正しく、他の者は間違っているという仮定からスタートしてもならない。ただし、意見の不一致の原因は必ず突き止めなければならない。

………『経営者の条件』

どのような現実を見ているのか

明らかに間違った結論に達している者は、自分とは違う現実を見、違う問題に気づいているに違いないと考えなければならない。もしその結論が知的で合理的であるとするならば彼はどのような現実を見ているのか、を考えなければならない。

……『経営者の条件』

誰が正しいかでなく何が正しいか

決定においては、何が正しいかを考えなければならない。やがては妥協が必要になるからこそ、誰が正しいか、何が受け入れられやすいかという観点からスタートしてはならない。

……『経営者の条件』

何も決定しないという選択

何も決定しないという代替案がつねに存在する。意思決定は外科手術である。システムに対する干渉であり、ショックのリスクを伴う。よい外科医が不要な手術を行なわないように、不要な決定を行なってはならない。

……『経営者の条件』

行動が必要なとき

何もしないと事態が悪化するのであれば、行動しなければならない。同じことは機会についてもいえる。急いで何かをしないと重要な機会が消滅するのであれば、思い切って行動しなければならない。

………『経営者の条件』

行動に移すための問い

決定を行動に移すには、誰がこの意思決定を知らなければならないか、いかなる行動が必要か、誰が行動をとるか、その行動はいかなるものであるべきかを問わなければならない。

………『経営者の条件』

自ら出かけ確かめる

自ら出かけ確かめることは、決定の前提となっていたものが有効か、それとも陳腐化しており、決定そのものを再検討する必要があるかどうかを知るための、唯一ではなくとも最善の方法である。

……『経営者の条件』

意思決定には勇気が求められる

決定の準備は整った。決定の多くが行方不明になるのがここである。決定が愉快でなく、評判もよくなく、容易でないことが急に明らかになる。そして、決定には判断力と同じくらい勇気が必要なことが明らかになる。薬は苦いとは限らないが、一般に良薬は苦い。

……『経営者の条件』

臆病者は一〇〇〇回死ぬ

絶対にしてはならないことがある。もう一度調べようとの声に負けることである。それは臆病者の手である。臆病者は、勇者が一度死ぬところを一〇〇〇回死ぬ。

……『経営者の条件』

バスカヴィル家の犬

一〇回のうち九回は、不安に感じていたことが杞憂であることが明らかになる。しかし一〇回に一回は、重要な事実を見落としていたり、初歩的な間違いをしていたり、まったく判断を間違っていたことに気づく。一〇回に一回は、突然夜中に目が覚め、シャーロック・ホームズのように、重要なことはバスカヴィル家の犬が吠えなかったことだと気づく。とはいっても、決定を延ばしすぎてはならない。数日せいぜい数週間までである。

……『経営者の条件』

DRUCKER SAYINGS ON INDIVIDUALS

第12章

優先順位

なすべきことは、利用しうる資源よりも多く残る。
機会は実現のための手段よりも多い。
したがって、優先順位を決定しなければ何事もなしえない。

『創造する経営者』

優先順位が戦略と行動を規定する

優先順位の決定によって、よき意図が成果をあげるコミットメントへ、洞察が行動へと具体化する。優先順位の決定が、マネジメントの視点と真摯さを物語る。基本的な戦略と行動を規定する。

………『創造する経営者』

自らが決定せよ

どの仕事が重要であり、どの仕事が重要でないかの決定が必要である。唯一の問題は、何がその決定をするかである。自らが決定するか、仕事からの圧力が決定するかである。

……『経営者の条件』

仕事からの圧力が優先するもの

仕事からの圧力は、未来よりも過去に起こったものを、機会よりも危機を、外部に実在するものよりも内部の直接目に見えるものを、さらには、重大なものよりも切迫したものを優先する。

……『経営者の条件』

重要なのは分析ではなく勇気

優先順位の分析については、多くのことが言える。しかし、優先順位の決定について最も重要なことは、分析ではなく勇気である。

……『経営者の条件』

優先順位決定のための四つの原則

優先順位の決定には、いくつか重要な原則がある。すべて分析ではなく勇気にかかわるものである。第一に、過去ではなく未来を選ぶ。第二に、問題ではなく機会に焦点を合わせる。第三に、横並びではなく独自性をもつ。第四に、無難で容易なものではなく、変革をもたらすものを選ぶ。

………『経営者の条件』

挑戦の大きな仕事を選ぶ

挑戦の大きなものでなく、容易に成功しそうなものを選ぶようでは、大きな成果はあげられない。膨大な注釈の集まりは生み出すだろうが、自らの名を冠した物理の法則や、新たなコンセプトは生み出せない。成果をあげる者は、機会を中心に優先順位を決め、他の要素は決定要因ではなく制約要因にすぎないとする。

………『経営者の条件』

難しいのは劣後順位の決定

誰にとっても、優先順位の決定はそれほど難しくない。難しいのは劣後順位の決定、なすべきでないことの決定である。延期は放棄を意味する。一度延期したものを復活させることは失敗である。このことが、劣後順位の決定をためらわせる。

………『創造する経営者』

過去への奉仕を減らす

前任者や自分が昨日行なった意思決定の後始末のために、今日、時間とエネルギーと頭を使わなければならない。この種の仕事が時間の半分以上を占める。それらのうち、成果を期待できなくなったものを捨てることによって、過去への奉仕を減らしていかなければならない。

………『経営者の条件』

昨日の成功を捨てる

完全な失敗を捨てることは難しくない。自然に消滅する。ところが昨日の成功は、非生産的となったあとも生き続ける。もう一つ、それよりもはるかに危険なものがある。本来うまくいくべきでありながら、なぜか成果があがらないまま続けている仕事である。

……『経営者の条件』

廃棄が新しい仕事を進める

古いものの計画的な廃棄こそ、新しいものを強力に進める唯一の方法である。アイデアが不足している組織はない。創造力が問題なのではない。せっかくのよいアイデアを実現すべく仕事をしている組織が少ないことが問題なのである。みなが昨日の仕事に忙しい。

………『経営者の条件』

この仕事は今も価値があるか

自らが成果をあげ、組織が成果をあげることを望む者は、計画、活動、仕事を常時点検する。これは今も価値があるかと問う。

………『経営者の条件』

見直すべき優先順位と劣後順位

優先順位や劣後順位は、つねに現実に照らして検討修正しなければならない。歴代のアメリカ大統領のうち、就任時の優先順位のリストを変更させられなかった者はいない。優先順位の高い仕事を実現していくことによっても、優先順位は変わっていく。

………『経営者の条件』

集中するほど多くの仕事ができる

時間と労力と資源を集中するほど、実際にやれる仕事の数と種類が多くなる。これこそ、困難な仕事をいくつも行なう人の秘訣である。一時に一つの仕事をする。その結果、他の人よりも少ない時間しか必要としない。成果をあげられない人のほうが多く働いている。

……『経営者の条件』

DRUCKER SAYINGS ON INDIVIDUALS

第13章 時間管理

時間は、最も稀少な資源である。
しかも、時間を管理できなければ、何も管理できない。
……『経営者の条件』

無駄に費やされる時間

成果には何も寄与しないが無視できない仕事に時間をとられる。膨大な時間が、当然に見えながら、実はほとんどあるいはまったく役に立たない仕事に費やされる。

………『経営者の条件』

時間管理に万能薬はない

我々は、時間管理について霊験あらたかな万能薬を求める。速読法の講座への参加、報告書の一ページ化、面会の一五分制限等々である。これらは、すべていいかさまである。それこそ時間の無駄である。

……『現代の経営』

考えることに時間を使う

時間の使い方を知っている者は、考えることによって成果をあげる。行動する前に考える。繰り返し起こる問題の処理について、体系的かつ徹底的に考えることに時間を使う。

……『現代の経営』

計画から始める誤り

仕事に関する助言というと、計画しなさいから始まるものが多い。まことにもっともらしい。問題は、それではうまくいかないことにある。計画は紙の上に残り、やるつもりのまま終わる。

……『経営者の条件』

時間からスタートせよ

成果をあげる者は、仕事からスタートしない。時間からスタートする。計画からもスタートしない。何に時間がとられているかを明らかにすることからスタートする。次に、時間を管理すべく、時間を奪おうとする非生産的な要求を退ける。そして最後に、得られた自由な時間を大きくまとめる。

………『経営者の条件』

時間の使い方を記録せよ

時間の活用と浪費の違いは、成果と業績に直接現れる。知識労働者が成果をあげるための第一歩は、実際の時間の使い方を記録することである。

……『経営者の条件』

時間はリアルタイムに記録せよ

時間の記録の方法について、気にする必要はない。自ら記録する人がいる。秘書に記録してもらう人がいる。大切なのは、記録することである。記憶によってあとで記録するのではなく、リアルタイムに記録することである。

……『経営者の条件』

スケジュールを組み替えよ

時間の記録をとり、その結果を毎月見ていかなければならない。最低でも年二回ほど三、四週間継続して記録をとる必要がある。記録を見て、日々のスケジュールを見直し、組み替えていかなければならない。

……『経営者の条件』

必要のない仕事はただちにやめる

する必要のまったくない仕事、時間の浪費である仕事を見つけ、捨てなければならない。すべての仕事について、まったくしなかったならば何が起こるかを考えればよい。何も起こらないが答えであるならば、その仕事はただちにやめるべきである。

………『経営者の条件』

貢献しない仕事はノーと言う

忙しい人たちが、やめても問題のないことをいかに多くしているかは驚くほどである。楽しみでも得意でもなく、しかも古代エジプトの洪水のように毎年耐え忍んでいるスピーチ、夕食会、委員会、役員会が山ほどある。なすべきことは、自分自身、自らの組織、他の組織に何ら貢献しない仕事に対しては、ノーと言うことである。

………『経営者の条件』

時間を奪う書類はくず籠に放り込む

地位や仕事を問わず、時間を要する手紙や書類の四分の一は、くず籠に放り込んでも気づかれない。そうでない人にお目にかかったことがない。

……『経営者の条件』

行なうべき仕事に取り組むために

通常使われている意味での権限委譲は、間違いであって人を誤らせる。しかし、自らが行なうべき仕事を委譲するのではなく、自らが行なうべき仕事に取り組むために人にできることを任せることは、成果をあげるうえで重要である。

……『経営者の条件』

他人の時間を奪っていないか

他人の時間まで浪費していることがある。簡単にわかる徴候はなくとも、発見のための簡単な方法はある。聞けばよい。あなたの仕事に貢献せず、ただ時間を浪費させるようなことを私は何かしているかと、定期的に聞けばよい。答えを恐れることなくこう質問できることが、成果をあげる者の条件である。

……『経営者の条件』

何かを伝えるには一時間はかかる

何かを伝えるには、まとまった時間が必要である。計画や方向づけや仕事ぶりについて、部下と一五分で話せると思っても、勝手にそう思っているだけである。肝心なことをわからせ、何かを変えさせたいのであれば、一時間はかかる。

……『経営者の条件』

じっくり耳を傾ける

成果をあげる組織では、トップマネジメントが意識して時間を割き、ときには新入社員に対してまで、あなたの仕事について私は何を知らなければならないか、この組織について何か気になることはないか、我々が手をつけていない機会はどこにあるか、気づいていない危険はどこにあるか、私に聞きたいことは何かとじっくり聞いている。

………『経営者の条件』

ゆとりある話し合いが近道

組織内の話し合いはくつろいで行なわなければならないだけに、膨大な時間を必要とする。ゆとりがあると感じられなければならない。それが結局は近道である。

………『経営者の条件』

ともに働く人が多いほど

仕事の関係に人間関係がからむと、時間はさらに必要になる。急げば摩擦を生じる。あらゆる組織が、仕事の関係と人間関係の複合の上に成り立つ。ともに働く人が多いほど、その相互作用だけで多くの時間が費やされる。仕事や成果や業績に割ける時間がそれだけ減る。

………『経営者の条件』

こま切れの時間では意味がない

仕事のほとんどは、わずかの成果をあげるためでも、かなりのまとまった時間を必要とする。こま切れでは意味がない。

……『経営者の条件』

まとまった時間をつくる方法

ある人たち、なかでも年配の人たちは、週に一日は家で仕事をしている。編集者や研究者がよく使う方法である。ある人たちは、会議や打ち合わせなど日常の仕事を週に二日、たとえば月曜日と金曜日に集め、他の日とくに午前中は、重要な問題についての集中的かつ継続的な検討にあてている。

……『経営者の条件』

汝の時間を知れ

汝自身を知れという昔からの知恵ある処方は、悲しい性《さが》の人間にとっては、不可能なほどに困難である。だが、その気があるかぎり、汝の時間を知れという命題には、誰でも従うことができる。その結果、誰でも貢献と成果への道を歩むことができる。

………『経営者の条件』

第14章 第二の人生

歴史上初めて、人間のほうが組織よりも長命になった。
そこでまったく新しい問題が生まれた。
第二の人生をどうするかである。

『明日を支配するもの』

働く者は組織よりも長命

これまでの社会は、二つのことを当然とする社会だった。第一に、組織はそこに働く者よりも長命であって、第二に、そこに働く者は組織に固定された存在だった。これに対し、自らをマネジメントするということは、逆の現実に立つ。働く者は組織よりも長命であって、自由に移動する存在であるとする。

………『明日を支配するもの』

第一の人生の限界

順調にやってきた四五歳あるいは五〇歳といえば、心身ともに働き盛りである。その彼らが仕事に疲れ飽きたということは、他への貢献、自らの成長のいずれにおいても、第一の人生では行き着くところまで行ったということであり、そのことを知ったということである。

……『断絶の時代』

第二の人生で再び成長する

仕事に挑戦を感じなくなった者は、成長が止まったと思う。たしかに現在の仕事では、成長が止まったかもしれない。だが、有能であり、病気でないならば、仕事さえ変えれば再び成長する。第二の人生は、仕事への不満や倦怠から逃れるための酒や、火遊びや、精神分析医よりも、はるかに面白いはずである。

………『断絶の時代』

老いてなお最高の仕事をする

人は皆同じように老いるのではない。エネルギッシュに働くことはできなくとも、判断力に狂いがなく、二〇年前よりも優れた意思決定を行なう人がいる。助言者としても、年とともに欲を離れ、かつ知恵と親身さを併せもつならば、最高の仕事をする。

……『断絶の時代』

トビラを開く三つの方法

問題の解決には三つの方法が助けとなる。第一の方法は、文字どおり第二の人生をもつことである。たんに組織を変わることでもよい。第二の方法は、パラレル・キャリア（第二の仕事）、すなわち本業にありながらもう一つ別の世界をもつことである。第三の方法は、ソーシャル・アントレプレナー（社会的起業家）になることである。仕事は好きだが、もはや心躍るほどのものではない。そこで、仕事は続けるが、時間は減らしていく。そして新しい仕事、とくに非営利の仕事を始める。

………『明日を支配するもの』

組織だけが人生である弊害

仕事オンリーでは、組織だけが人生であるために、組織にしがみつく。空虚な世界へ移るという恐ろしい退職の日を延ばすために、若い人たちの成長の妨げになってでも、自らを不可欠な存在にしようとする。

……『現代の経営』

できることが仕事だけならば

できることが仕事だけならば、問題が生じる。知識労働者たる者は、若いうちに非競争的な生活とコミュニティをつくりあげておかなければならない。コミュニティでのボランティア活動、地元のオーケストラへの参加、小さな町の公職など、仕事以外の関心事を育てておく必要がある。

……………『ネクスト・ソサエティ』

ひとかどの存在となる意味

知識社会では、成功が当然とされる。だが、全員が成功することはありえない。失敗しないことがせいぜいである。成功する人がいれば、失敗する人がいる。そこで、一人ひとりの人間およびその家族にとっては、何かに貢献し、意味あることを行ない、ひとかどとなることが決定的に重要な意味をもつ。

………『明日を支配するもの』

成功の機会をもち続ける

第二の人生、パラレル・キャリア、社会的起業家としての仕事、そして仕事以外の関心事をもつということは、社会においてリーダー的な役割を果たし、敬意を払われ、成功の機会をもてるということである。

………『明日を支配するもの』

第二の人生に備えるたった一つの条件

第二の人生をもつには、一つだけ条件がある。本格的に踏み切るかなり前から助走しなければならない。

………『明日を支配するもの』

編訳者あとがき

ドラッカー教授から名言集の編集をまかされて一年が経った。集めた名言は七〇〇〇を超えた。その七〇〇〇の名言から、「社会的な存在としての一人ひとりの人間とその仕事」をテーマに約二〇〇を選んだものが本書である。

ほとんどの人がドラッカーの書いたものに線を引く。人によっては手帳に写す。そして、何年どころか何十年にわたってそこを読む。ドラッカーの魅力は、教えてくれることだけにあるのではない。確認してくれるところにある。考えさせ、行動させてくれるところにある。

本書収録分の出典は別掲のとおりである。文章は簡明を期して訳し直した。ドラッカー名言集の取りまとめは、かねてより大勢の方々から慫慂《しょうよう》されていたものである。同時刊行の『経営の哲学』および続刊予刊の『変革の哲学』『歴史の哲学』とともに、それらの方々の期待に沿い、かつドラッカーを友とする方々がさらに増えるならば、これに勝る喜びはない。

このような機会を与えて下さったドラッカー教授、ダイヤモンド社の御立英史さん、中嶋秀喜さん、小川敦行さんに心より謝意を表したい。

二〇〇三年夏

上田惇生

*26.『未来企業 *Managing for the Future*』(1992年、日本版1992年、上田惇生・佐々木実智男・田代正美訳、ダイヤモンド社)

*27.『ポスト資本主義社会 *Post-Capitalist Society*』(1993年、日本版1993年、上田惇生・佐々木実智男・田代正美訳、ダイヤモンド社)

28.『未来への決断 *Managing in a Time of Great Change*』(1995年、日本版1995年、上田惇生・佐々木実智男・林正・田代正美訳、ダイヤモンド社)

*29.『ドラッカー・中内往復書簡——挑戦の時/創生の時 *Drucker on Asia: A Dialogue between Peter Drucker and Isao Nakauchi*』(1996年、日本版1995年、上田惇生訳、ダイヤモンド社)

30.『P・F・ドラッカー経営論集 *Peter Drucker on Profession of Management*』(1998年、日本版1998年、上田惇生訳、ダイヤモンド社)

*31.『明日を支配するもの *Management Challenges for the 21st Century*』(1999年、日本版1999年、上田惇生訳、ダイヤモンド社)

32.『はじめて読むドラッカー——プロフェッショナルの条件(自己実現編)/チェンジ・リーダーの条件(マネジメント編)/イノベーターの条件(社会編) *The Essential Drucker on Individuals/ on Management/ on Society*』(日本版2000年、上田惇生編訳、ダイヤモンド社。これら3部作は、英語版では *The Essential Drucker* (2001年)および *A Functioning Society*(2003年)の2部作として刊行)

33.『マネジメント【エッセンシャル版】 *Management*』(1974年、日本版2001年、上田惇生編訳、ダイヤモンド社)

*34.『ネクスト・ソサエティ *Managing in the Next Society*』(2002年、日本版2002年、上田惇生訳、ダイヤモンド社)

35.『ドラッカー名言集——経営の哲学 *Drucker Sayings on Management*』(日本版2003年、上田惇生編訳、ダイヤモンド社)

*13.『マネジメント *Management*』(1974年、日本版1974年、野田一夫・村上恒夫・風間禎三郎・久野桂・佐々木実智男・上田惇生訳、ダイヤモンド社。『抄訳マネジメント』1975年、上田惇生訳、ダイヤモンド社)

14.『見えざる革命 *The Pension Fund Revolution*』(1976年、日本版1976年、佐々木実智男・上田惇生訳、ダイヤモンド社。日本版新訳1996年、上田惇生訳、ダイヤモンド社)

15.『傍観者の時代 *Adventures of A Bystander*』(1979年、日本版1979年、風間禎三郎訳、ダイヤモンド社)

*16.『乱気流時代の経営 *Managing in Turbulent Times*』(1980年、日本版1980年、堤清二監訳、久野桂・佐々木実智男・上田惇生訳、ダイヤモンド社。日本版新訳1996年、上田惇生訳、ダイヤモンド社)

*17.『日本　成功の代償 *Toward the Next Economics and Other Essays*』(1981年、日本版1981年、久野桂・佐々木実智男・上田惇生訳、ダイヤモンド社)

18.『最後の四重奏 *The Last of All Possible Worlds*(小説)』(1982年、日本版1983年、風間禎三郎訳、ダイヤモンド社)

19.『変貌する経営者の世界 *The Changing World of Executives*』(1983年、日本版1982年、久野桂・佐々木実智男・上田惇生訳、ダイヤモンド社)

20.『善への誘惑 *The Temptation to Do Good*(小説)』(1984年、日本版1988年、小林薫訳、ダイヤモンド社)

*21.『イノベーションと起業家精神 *Innovation and Entrepreneurship*』(1985年、日本版1985年、小林宏二監訳、上田惇生・佐々木実智男訳、ダイヤモンド社。日本版新訳1997年、上田惇生訳、ダイヤモンド社)

22.『マネジメント・フロンティア *The Frontiers of Management*』(1986年、日本版1986年、上田惇生・佐々木実智男訳、ダイヤモンド社)

23.『新しい現実 *The New Realities*』(1989年、日本版1989年、上田惇生・佐々木実智男訳、ダイヤモンド社)

*24.『非営利組織の経営 *Managing the Nonprofit Organization*』(1990年、日本版1991年、上田惇生・田代正美訳、ダイヤモンド社)

25.『すでに起こった未来 *The Ecological Vision*』(1992年、日本版1994年、上田惇生・佐々木実智男・林正・田代正美訳、ダイヤモンド社)

ピーター・F・ドラッカー著作目録（＊本書引用）

1. 『経済人の終わり *The End of Economic Man*』（1939年、日本版1963年、岩根忠訳、東洋経済新報社。日本版新版1997年、上田惇生訳、ダイヤモンド社）
2. 『産業人の未来 *The Future of Industrial Man*』（1942年、日本版『産業にたずさわる人の未来』1964年、岩根忠訳、東洋経済新報社。『産業人の未来』1965年、田代義範訳、未来社。日本版新訳1998年、上田惇生訳、ダイヤモンド社）
3. 『会社という概念 *Concept of the Corporation*』（1946年、日本版1966年、岩根忠訳、東洋経済新報社。『現代大企業論』1966年、下川浩一訳、未来社）
4. 『新しい社会と新しい経営 *The New Society*』（1949年、日本版1957年、現代経営研究会訳、ダイヤモンド社）

*5. 『現代の経営 *The Practice of Management*』（1954年、日本版1956年、現代経営研究会訳、ダイヤモンド社。日本版新訳1996年、上田惇生訳、ダイヤモンド社）

6. 『オートメーションと新しい社会 *America's Next Twenty Years*』（1957年、日本版1956年、中島正信・涌田宏昭訳、ダイヤモンド社）
7. 『変貌する産業社会 *The Landmarks of Tomorrow*』（1957年、日本版1962年、現代経営研究会訳、ダイヤモンド社）

*8. 『創造する経営者 *Managing for the Results*』（1964年、日本版1964年、野田一夫・村上恒夫訳、ダイヤモンド社。日本版新訳1995年、上田惇生訳、ダイヤモンド社）

*9. 『経営者の条件 *The Effective Executive*』（1966年、日本版1966年、野田一夫・川村欣也訳、ダイヤモンド社。日本版新訳1995年、上田惇生訳、ダイヤモンド社）

*10.『断絶の時代 *The Age of Discontinuity*』（1969年、日本版1969年、林雄二郎訳、ダイヤモンド社。日本版新訳1999年、上田惇生訳、ダイヤモンド社）

11.『*Technology, Management, and Society*』（1970年）

12.『*Men, Ideas, and Politics*』（1970年）

著者紹介

P. F. ドラッカー *Peter F. Drucker*

❖――ビジネス界に最も影響力をもつ思想家として知られる。東西冷戦の終結、転換期の到来、社会の高齢化をいちはやく知らせるとともに、「分権化」「目標管理」「経営戦略」「民営化」「顧客第一」「情報化」「知識労働者」「ABC会計」「ベンチマーキング」「コア・コンピタンス」など、マネジメントの理念と手法の多くを考案し、発展させてきた。93歳の現在も、米国クレアモント大学院大学教授として、社会学と経営学を教えている。

❖――1909年、ウィーン生まれ。フランクフルト大学卒。経済記者、論説委員として働きながら、国際公法の博士号を取得。33年発表の論文がナチス・ドイツの不興を買い、大陸を離れる。ロンドンで保険会社のエコノミスト、投資銀行のパートナー補佐などを経験後、渡米。39年ファシズムの起源を分析した『経済人の終わり』を刊行。44年GMより同社のマネジメント研究を依頼され、46年『会社という概念』に結実。50年ニューヨーク大学教授に就任。54年『現代の経営』を発表。

❖――以降、64年『創造する経営者』、66年『経営者の条件』、69年『断絶の時代』、74年『マネジメント』、76年『見えざる革命』、79年『傍観者の時代』、80年『乱気流時代の経営』、85年『イノベーションと起業家精神』、89年『新しい現実』、92年『未来企業』、93年『ポスト資本主義社会』、95年『未来への決断』、99年『明日を支配するもの』、2002年『ネクスト・ソサエティ』などを著す。この間71年より現職。

編訳者紹介

上田惇生 うえだ・あつお

❖――1938年生まれ。サウスジョージア大学経営学科留学、64年慶応義塾大学経済学部卒業後、経団連事務局入局。同国際経済部次長、広報部長、(財)経済広報センター常務理事を経て、現在、ものつくり大学教授、学校法人国際技能工芸機構評議員、渋沢栄一賞選考委員。『はじめて読むドラッカー』三部作、『マネジメント【エッセンシャル版】』の編集・翻訳のほか、ドラッカー著作のほとんどを翻訳。ドラッカー自身から最も親しい友人、日本での分身と言われる。

ドラッカー名言集
仕事の哲学
最高の成果をあげる

2003年7月31日　第1刷発行
2003年8月18日　第2刷発行

著者／P.F.ドラッカー
編訳者／上田惇生

装丁／布施育哉
製作・進行／ダイヤモンド・グラフィック社
印刷／勇進印刷
製本／石毛製本所

発行所／ダイヤモンド社
〒150-8409　東京都渋谷区神宮前6-12-17
http://www.diamond.co.jp/
電話／03･5778･7233（編集）　03･5778･7240（販売）

ISBN 4-478-33103-0
落丁･乱丁本はお取替えいたします
Printed in Japan